SARGINES,

OU

L'ÉLÈVE DE L'AMOUR,

COMÉDIE,

EN QUATRE ACTES, EN PROSE,

MÉLÉE D'ARIETTES;

Représentée, pour la première fois, par les comédiens italiens ordinaires du roi, le mercredi 14 mai 1788; et remise le 27 brumaire, an V.

PAR LE CIT. MONVEL.

MUSIQUE DU CIT. D'ALEYRAC.

A PARIS,

Chez BARBA, Libraire, au Magasin des pièces de Théâtre, rue André-des-Arts, n°. 27.

CINQUIÈME ANNÉE DE LA RÉPUBLIQUE.

PERSONNAGES.

Les Citoyens.

LE GÉNÉRAL AUGUSTE,	*Philippe.*
SARGINES, père,	*Granger.*
SARGINES, fils,	*Michu.*
PIERRE, père d'Iselle, veuf, amant de Geneviève,	*Chenard.*
GALON DE MONTIGNY,	*Joseph.*
ISIDORE,	*Carline.*
OFFICIERS de la suite du général.	

Citoyennes.

SOPHIE, nièce de Sargines,	*Le Febvre.*
GENEVIÈVE,	*Debrosse.*
ISELLE,	*Senney.*

Paysans, paysannes, enfans.
Soldats françois, anglois et allemands.
Ecuyers.

SARGINES,
COMÉDIE

ACTE PREMIER.

Le théâtre représente une campagne : on voit à la droite des Acteurs, un bosquet d'arbres, et un peu sur le devant de la scène un banc de gazon ombragé par le petit bosquet. En face, est une ferme, et dans le fond du Théâtre, vers la gauche, un château-fort sis sur une montagne.

SCENE PREMIERE.

ISELLE, ISIDORE.

(Ils sont assis sur le banc ; Iselle travaille, et Isidore veut l'en empêcher.)

ISIDORE.

LAISSE donc ton ouvrage.

ISELLE.

Oh ! non, Isidore, je ne puis pas.

ISIDORE.

C'est-il donc tant pressé ce que tu fais ?

ISELLE.

Oui, petit ami... car, vois-tu, c'est une belle collerette pour mam'selle Geneviève, et c'est mon père qui m'a dit : travaille, mon enfant, tu feras plaisir à papa ; tu vois bien, Isidore, qu'il faut travailler, et bien vite.

ISIDORE.

Mais, en travaillant, on peut causer.

ISELLE.

Eh bien, causons.

   # S A R G I N E S ,

I S I D O R E.

Oui , et pour commencer , dis-moi que tu m'aimes.

I S E L L E.

Bah ! je commence et je finis toujours par-là ; quand t'es auprès de moi , je te le dis ; quand t'es loin de moi , je le pense.

I S I D O R E.

C'est ben pis, moi, j'en rêve, et m'est avis que ton père n'a pas le sommeil plus tranquille que moi.

I S E L L E.

Bah ! est-ce qu'il rêve aussi, lui ?

I S I D O R E.

C'est mam'selle Geneviève qui lui trotte dans la car...

D U O.

Tiens , vois-tu , ma petite Iselle ,
Le v'la quand il est auprès d'elle.

ISELLE, *elle croise les bras.*
Oh ! c'est ben vrai , petit ami.

ISIDORE, *il fait le mouvement.*
Il regarde ainsi Geneviève ,
Et sa poitrine se soulève,
Vois-tu venir le gros soupir !

ISELLE.
Ouf !... V'là-t-il pas qu'aussi je soupire,
C'a s'gagne , on peut ben le dire.

ISIDORE.

Et s'il lui parle , il fait comm'ça,
Et puis la main , la main est d'là:
Il la regarde , il fait comm'ça ,
Il prend la main , sa main d'là;
Il est un peu bourru ton père ,
Oh ! mais aussi , ce n'est plus ça
Quand il parle à Genevièv' dà;
Comme sa voix est douce et claire,
Comm' al devient et douce et claire,
S'te voix qu'étoit pis qu'un tonnerre;
Et Geneviève! al' est aussi.
(*Il a l'air de lui parler.*)
Ah ! fais comm' elle , chère Iselle.

ISELLE.

Oh ! c'est ben vrai , c'est vrai cela.

Faut pas dir' ça.

Comme sa voix est ...

La main ici, ta main ici :   Tiens, la voici.
    (*Il la regarde.*)
Ton œil plus tendre, encor plus   Si je ne fais pas bien , faut m'ap-
    tendre.   prendre.
Ah! c'est fort bien ainsi;
Ah ! dis comm' elle , chère Iselle ,   Moi je dirai toujours comm'elle.
Toujours je dirai comme lui ,   Dis, comme lui, petit ami ;
Je te serai toujours fidelle ,   Je te serai toujours fidelle ,
Toujours tu me seras comm' elle.   Toujours je te serai comme'elle.

ISELLE.

Ah ! ça, mais si mon père est amoureux de Geneviève, par où qu'ça finira ?

ISIDORE.

Par où qu'ça finira ? mais par le mariage peut-être ben...

ISELLE.

Et nous qui nous aimons si gentiment, finirons-je t'i aussi comme ça ?...

ISIDORE.

Parguienne, est-ce que ça peut finir autrement donc ? quand je serons plus âgés.

ISELLE.

J'ai bientôt quatorze ans.

ISIDORE.

Et moi quinze... tu vois ben que ça ne peut pas tarder long-tems.

ISELLE.

Non sûrement, puis qui disons sur-tout, que pour se marier il faut être raisonnable.

ISIDORE.

Eh ! ben, nous le sommes.

ISELLE.

Pardi !

ISIDORE.

Par conséquent, dans six mois j'pourrons être mariés,

ISELLE.

Mon Dieu , oui.

ISIDORE.

En attendant , veux-tu que je te baise la main ?

ISELLE.

Si je le veux... tiens, encore l'autre.

A

ISIDORE.

Oh ! comme ça me fait plaisir !

ISELLE.

Et à moi donc.

ISIDORE.

J'pouvons ben aussi nous embrasser peut-être ?

ISELLE.

Certainement, g'nia pas d'mal à ça.

ISIDORE.

Du mal... ça fait tant de bien !

ISELLE.

Et pourtant le cœur me bat... vois...

ISIDORE.

Je suis tout tremblant : g'nia queuqu'un de not' connoissance à qui ça seroit ben profitab' de causer avec un autre queuqu'un, comme j'venons là de faire tous deux.

ISELLE.

Qui donc ça ?

ISIDORE.

Not' jeune maître.

ISELLE.

Il est ben genti, ben doux, ben humain, mais il n'a pas d'es-prit.

ISIDORE.

Eh ben, morgué, quatre ou cinq petites conversations, comme ça, lui en bailleroient de l'esprit ; je n'en ai jamais plus, moi, que quand je suis auprès de toi.

ISELLE.

Si la belle cousine de notre jeune maître vouloit...

ISIDORE.

La jolie nièce du sire de Sargines, le père du jeune gentil-homme ?

ISELLE.

Oui, madame Sophie, c'est celle-là qui est belle, qu'est sage, ben apprise et qu'a ben de l'amitié pour le petit cousin.

ISIDORE.

Ils sont, jarni, comme taillés l'un pour l'autre, nobles comme le Roi, pas plus parens qui ne faut pour être mari et femme, ben gentis tous deux... mais l'pauv' p'tit' cousin... Ah ! dame, ça ne sait pas ouvrir la bouche...

I S E L L E.

Oui, il auroit pourtant de si jolies choses à dire à madame Sophie.

I S I D O R E.

Et quand il est auprès d'elle, le v'là, v'là ses bras, i' se dandine,... il la regarde,... il ouvre des grands yeux,... et pas un mot.

I S E L L E.

Il est si bien fait, et comme il marche.

I S I D O R E.

Tiens: v'là son allure... semble toujours qu'il va sauter un fossé.

I S E L L E.

Te souviens – tu g'nia deux mois, Isidore, quand il voulut monter à cheval... pat-à-trat.

I S I D O R E.

G'nia morgué pas d'épée assez légère pour lui, le pauvre garçon,... son bras n'a pas la force d'en lever une.

I S E L L E.

Et madame Sophie, une jeune fille qui n'a pas dix-huit ans, y a-t-il d'estrier, y a-t-il palfroi qu'alle ne fasse aller, venir, trotter, galoper ni plus ni moins que le plus hardi écuyer?...

I S I D O R E.

Et faut la voir, une lance au poing, courir et la briser contre la poitrine du plus fort chevalier, et la pesante épée après deçà, de–là dans sa main, comme je ferois d'une petite baguette; ce n'est pourtant qu'une femme.

SCENE II.

LES PRÉCÉDENS, SARGINES.

I S E L L E.

C'est drôle cependant çà, que le sire de Ville Hardouin, fâché de n'avoir pas de fils, ait élevé sa fille comme il auroit fait le damoisel le plus vaillant.

I S I D O R E.

Aussi, comme le sire de Sargines seroit content, si ce petit Sargines étoit sa nièce, et que par un miracle, madame Sophie pût devenir son fils.

A. 4

I S E L L E.

Hélas ! ce bon, ce preux chevalier est bien chagrin d'avoir un enfant comme ça...

I S I D O R E.

Un enfant qui ne lui fera jamais d'honneur.

S A R G I N E S , *paroissant.*

Il lui en fera, ou il mourra à la peine.

I S E L L E.

Ah ! monseigneur.

I S I D O R E.

Vous nous écoutiez !

S A R G I N E S.

Vous m'avez traité bien durement... Vous me méprisez... Tout le monde hait le pauvre Sargines... Oui, j'ai eu tort, je le sais ; oui, j'ai été... j'en pleure... mais ce n'étoit pas ma faute... Il y avoit là... là un poids... un nuage : je réparerai, oh ! je réparerai tout.

I S I D O R E.

Ah ! Monseigneur, pardon si...

I S E L L E.

Je ne vous haïssons pas, vous êtes trop bon, trop genti.

S A R G I N E S.

J'avois peur, peur de tout... un homme ; je ne craindrai plus rien.

I S I D O R E.

Si vous saviez.

S A R G I N E S.

Moi savoir... qu'est-ce que je sais ? qu'ai-je appris jusqu'ici ? honte, honte à mon ignorance... honte à ma paresse ; honte à ma nonchalance... mais il y a là... là quelque chose à présent... c'est à présent que je veux savoir... à présent que j'apprendrai... Allez, mes amis, laissez-moi... Iselle, ton père, qu'il vienne, je veux lui parler. (*Ils sortent.*)

S C È N E   I I I.

S A R G I N E S , *seul.*

Hélas ! c'est près de vous,
O ma tant douce amie !
Que j'ai trouvé, Sophie,
Une nouvelle vie ;

C'est dans ces yeux si doux,
O ma tant douce amie,
Que j'ai puisé, Sophie,
Une nouvelle vie.
Un nuage épais
Obscurcissoit mon ame,
A tes nobles accens, mon cœur, mon cœur s'enflamme ;
O ma Sophie ! et je renais.

SCÈNE IV.

PIERRE, SARGINES.

PIERRE.

Eh bien ! quoi que vous me voulez, not' jeune maître ?

SARGINES.

Pierre... bon ami Pierre... où est ma belle cousine ?

PIERRE.

Mais je la crois dans le château.

SARGINES.

Elle travaille peut-être... elle lit, elle écrit...

PIERRE.

C'a s'pourroit fort bien... On ne peut pas vous soupçonner de ça, vous.

SARGINES.

Ah ! Pierre ! épargnes-moi.

PIERRE.

Un grand garçon comme vous... taillé... tatigué ; ni pu ni moins que ce beau jeune gaillard en marbre qu'est à l'entrée de not' parc, qui vous tient un grand sabre... ed'là, et qui semble dire : fussiez-vous cent mille, si vous faites un pas je vous extermine tous... A votre âge ne savoir ni lire, ni écrire, pas même se battre...

SARGINES.

Depuis un mois, je croyois que tu n'avois plus de reproches à me faire... tes leçons...

PIERRE.

Oh ! si ne s'agissoit que de se battre à coups de poing, je vous aurois bientôt montré ce genre d'escrime-là, moi ; oh ! je suis savant.

S A R G I N E S.

Quand tu tiens une épée, cependant, et que tu frappes, tu as le bras bien lourd.

P I E R R E.

Bah ! je lève et je laisse tomber, je n'y entends pas plus de finesse... mais stapendant faut convenir que depuis quinze jours vous n'y allez pas non plus de main-morte... Vous avez, sarpejeu, une manière de tortiller vot' fer. . quand je l'crois là-haut, pan, le v'là qui me tombe sur la cuisse et puis sur le bras, et queuquefois sûr la tête... Allons, allons, ça commence à n'aller pas mal ; mais qui guiable vous a montré s'te petite manigance-là ?...

S A R G I N E S.

Un maître !... Ah ! un maître... une seule leçon de lui ;... ah ! comme cela profite. Je sais lire aussi, Pierre ; oh ! tu ne me gronderas plus...

P I E R R E.

Vous savez lire ?

S A R G I N E S.

Oui... tiens, vois-tu ce livre-là, comment y a-t-il là ?

P I E R R E.

Comment ? écoutez, ça n'est pas aisé à déchiffrer, voyez-vous.

S A R G I N E S.

Comment ne lit-on pas cela couramment ? Il y a là : Sophie.

P I E R R E.

Il y a là : Sophie ?

S A R G I N E S.

Oh ! je n'ai pas eu du tout de peine à apprendre ce nom-là ! mais je sais écrire aussi.

P I E R R E.

Bah !

S A R G I N E S.

Tu vas voir... tiens, j'ai sur moi une tablette. . . (*il écrit.*) Comment y a-t-il là ?

P I E R R E.

Comment il y a là ?... y a là... ah ! si vous ne m'aidez pas un peu...

S A R G I N E S.

C'est cependant bien aisé... Il y a là : Sophie... est-ce que je pourrois écrire autre chose ?

PIERRE.

Oh ! mon Dieu , que je suis donc content d'avoir entrepris votre éducation! c'est pourtant mon ouvrage , toute s'te science-là.

SARGINES.

Ton ouvrage... Oh! que non... C'est l'ouvrage de... (*en frappant sur les tablettes et en montrant du doigt le nom de Sophie.*) Ah ! c'est bien doux d'apprendre comme cela.

PIERRE.

Ne badinons pas , s'il vous plait , tous les maitres qu'on vous a baillés, n'ont-ils pas dit tretous que vous étiez un bon enfant , mais que c'étoit peine perdue de vouloir vous montrer quelque chose ?

SARGINES.

Hélas ! j'ai rebuté tout le monde.

PIERRE.

Quand vot' père a vu que personne ne vouloit plus se charger de vous, et qu'il étoit décidé que vous ne sauriez jamais rien, n'est-ce pas moi qu'il vous a donné pour précepteur?

SARGINES.

Oui.

PIERRE.

Eh bien , ce que vous savez à présent , c'est donc moi qui vous l'ai appris... Ah çà, n'allez pas dire à monseigneur, quand il arrivera , que l'écriture, que la lecture , le cheval et l'escrime , c'est d'un autre que tout ça vous viant.

SARGINES.

Mais tu ne sais ni lire , ni écrire , comment pourra-t-il croire ?...

PIERRE.

Allons donc , est-ce que c'est la première fois qu'on montre aux autres ce qu'on ne sait pas soi-même.

SARGINES.

Mon père ! ... ah! je desire et je tremble de le revoir.

PIERRE.

Il est dans not' voisinage , et n'a pas voulu passer par ici , tant il est fâché contre vous. Tout ce pays-ci est plein d'Anglois, d'Allemands , de démons qui mettront tout à feu et à sang... queuqu'un de ces jours ils viendront brûler not' bon vieux château.

S A R G I N E S.

Le brûler ! Sophie y est... le brûler... non , non , ou je serois
mort.

P I E R R E.

Tant y a qu'on dit que nos armées triomphantes, nos vaillans frères-d'armes qui nous défendent , qui nous protègent,
qui ont déjà bien rossé tous ces vauriens-là, et qui les rosse-
ront encore si Dieu leur prête vie et santé; tant y a , dis-je,
que le maréchal Dumetz, ce brave Guillaume Desbarres et
quelques douzaines de preux chevaliers de ses amis vont venir
dans ces cantons - ci , dans huit jours, demain , aujourd'hui
peut-être , et qui vous travailleront de la bonne magnère, et
l'empereur Othon , et le roi Jean, et le comte de Flandre ,
et tous ces gens-là , qui voudrient écornifler l'héritage que
j'avons reçu de nos pères , vous concevez bien que vot' père
les a déjà dévancés. Il est campé tout près d'ici ; et si g'nia
queuques tapes à donner ou à recevoir , il voudra certainement
en avoir sa part.

S A R G I N E S.

Pierre , on dit que Guillaume Desbarres passera par ici pour
se rendre à l'armée ?

P I E R R E.

C'est un fort honnête homme que ce Guillaume Desbarres.
Mais pourquoi le nomme-t-on l'Achille François? savez-vous
ça , vous ?

S A R G I N E S.

Eh ! mon Dieu non... est-ce que je sais quelque chose ?

P I E R R E.

Achille... C'est sûrement le nom de quelque étranger, de
quelque Normand par exemple, fort et vaillant comme Ri-
chard-sans-peur , et c'est à cause de cela qu'on aura donné
son nom à ce brave de Guillaume Desbarres , qui ne recule-
soit pas devant une armée entière.

S A R G I N E S.

Mon père sans doute viendra le recevoir... comment me
recevra mon père ?... je l'aime, mais je le crains si fort... je
n'oserois jamais lui parler comme je te parle à toi.

P I E R R E.

Il faut parler, nót' jeune maître ; l'homme est fait pour ça,
il en a besoin à tout âge , par-tout, avec tout le monde ; faut

que vous appreniez à parler à des soldats , quand vous les
menerez vaincre nos ennemis , faut que vous appreniez à parler
à un général , quand vous vous serez bien battu et que le vôtre
vous dira : Sargines , je suis content de toi ; faut que vous sachiez
l'y répondre : général , il n'y a pas de quoi ; quand on est François et qu'on se bat pour la patrie , il faut vaincre ou mourir.
Faut que vous appreniez à parler à une jolie femme , ou pour l'y
dire ben poliment : madame , aimez-moi , s'il vous plaît ; ou
pour la remercier ben gentiment de ce qu'elle vous aime.

PREMIER COUPLET.

Regard vif et joli maintien ,
Si vous voulez se font comprendre ,
Mais je le dis , je le soutiens ,
Faut parler pour se faire entendre :
Ce n'est tout que brûlans desirs ,
Près de l'objet dout on affole ,
Ce n'est tout que tendres soupirs ,
Ce n'est tout que brûlans desirs ,
Que faut-il encor ! la parole.

On ne peut pas toujours aimer ,
Y prétendre seroit folie ;
Le tems , malgré nous , vient calmer
Ce feu qu'attisoit douce amie.
Peindre ce qu'on a dû sentir ,
Du repos des sens nous console ;
Ce que le cœur eut en plaisir ,
Ce que le cœur a dû sentir ,
Qui peut l'exprimer ! la parole.

On vieillit , c'est un sort fâcheux ,
Plus alors de muet langage ;
Le feu brillant des plus beaux yeux ,
S'éteint sous les glaces de l'âge :
Adieu faut dire aux vifs desirs ,
Adieu beautés dont on affole ,
Adieu l'amour , adieu plaisir ,
Adieu faut dire aux vifs desirs ,
Que nous reste-t-il ! la parole.

PIERRE, *continue après la chanson.*

Mais , est-ce que je me trompe ? entendez-vous le bruit des
tambours et des trompettes ?

SCENE V.

ISELLE, ISIDORE, SARGINES, PIERRE.

ISELLE.

Mon père, mon père, venez-là, de dessus la hauteur on voit
briller des lances, des boucliers, des épées.

PIERRE.

De ce côté?

ISIDORE.

Oui.

ISELLE, *qui est montée sur la hauteur.*

Ce sont des François, des François... je reconnois la bannière...

SARGINES, *ils courent tous deux du côté où le bruit se fait
entendre.*

Des François!... des guerriers! ah que je voudrois bien les
suivre, les imiter... combattre sous leurs yeux.

PIERRE.

C'a ne tardera morgué pas, puisque vous en avez le desir....
mais, not' jeune maître, faut que vous fassiez les honneurs du
château à ces braves hommes d'armés qui nous arrivent... Ce
n'est pas le tout de savoir lire et écrire, *primo* d'abord, et d'une,
c'est qu'il faut être poli. Remontons là haut, et songeons.

SARGINES.

(*On voit Sophie et Geneviève descendre de la montagne.*)

Voilà ma cousine... Pierre, voilà Sophie. Oh! comme elle est
belle !

PIERRE.

Voilà Geneviève, monseigneur... Voilà Geneviève, ah!
comme elle est jolie !

SARGINES.

Regarde donc qu'elle a bonne grace, comme elle marche
avec noblesse !

PIERRE.

Et Geneviève... ce petit pas dégagé... s'te manière de trotter
gentiment.

SARGINES.

A côté de Sophie... moi... j'ai l'air bien gauche, n'est-ce pas ?

PIERRE.

Et auprès de Geneviève, comme je parois lourdaud ; pas
vrai, monseigneur ?

SCÈNE VI.

Les Précédens, SOPHIE, GENEVIEVE.

Les quatre acteurs s'approchent lentement.

SOPHIE, *timidement.*	SARGINES, *timidement.*	PIERRE, *gaîment.*	GENEVIEVE, *gaîment.*
Bon jour, petit cousin.	Bon jour, belle cousine.	Bon jour, petit lutin, Dont l'minois me lutine. (*Il est embarrassé.*) Morgué, c'qu'c'est que l'amour: V'là que je ne sais plus que dire.	Ami Pierre, bon jour? Ami, ce n'est pas bien. De me regarder et de rire.
Vous ne me dites rien!	Je regarde et j'admire.	Oui, je ris, j'en conviens, Mais c'est d'plaisir l'plaisir est bien.	
Soupirer, moi, je n'en sais rien.	D'où vient que votre cœur soupire?		
Entendez-vous ce bruit de guerre,	Hélas! il annonce, mon père,		
Par l'écho des monts répété!	Ah! que mon cœur est agité!		
Aux ennemis de la patrie, On va présenter les combats;		D'sang froid je verrai la guerre,	Moi, j'ai peur, grand'peur de la guerre,
Tout Français expose sa vie,	Tout Français expose sa vie,	Jarni j'y iouerois des deux mains,	Et n'ai pas de si beaux desseins;
Tout français vient d'armer son bras	Tout français vient d'armer son bras	Et je vois dans vos yeux, ma chère,	Regarde mes yeux ami Pierre,
Et vous, Sargines, vous, vous ne combattrez pas!	Et, vous Sophie... ah! ne m'accablez pas!	Les seuls ennemis que je crains.	C'est bien à tort que tu les crains.
Non, ne craignez pas que Sophie,	Quoi! je viens d'entendre Sophie,		
Cher Sargines, vous humilie;	C'est Sargines qu'elle humilie!		
Sargines un jour sera vainqueur		Je serai le vainqueur	Pierre étoit mon vainqueur,
D'un affreux soupçon qui l'outrage;		Du gentil objet qui m'engage,	Te le cacher seroit outrage,
La gloire est au fond de son cœur,		Rien n'manqu' à mon ouvrage,	Jouis de ton bonheur, De l'amour seul il est l'ouvrage;

L'y découvrir est mon ouvrage.	L'y découvrir est votre ouvrage.	De l'amour seul il est l'ouvrage.	Eh ! oui , Pierre étoit mon vainqueur,
Oui , Sargines se-ra vainqueur.	La gloire est au fond de son cœur.	Rien n' manque plus à mon bonheur.	Que rien n'man-qu'à ton bonheur.

S O P H I E.

On vient.

P I E R R E.

C'est tout le village ; ils accourent au-devant de ces bons soldats qui , si gaiement vont se faire tuer pour nous.

S O P H I E.

Petit cousin , n'ayez donc pas l'air triste comme cela...

S A R G I N E S.

Vous allez voir des braves... des preux chevaliers... Sophie leur comparera Sargines.

S O P H I E.

Non pas , ce Sargines que je plaignois il y a deux mois , mais le Sargines que je vois ici , qui gémit sur son malheur passé, qui veut le réparer, et en qui le feu du courage commence à s'allumer, qui s'instruit, qui pense, qui marchera bientôt l'égal des preux chevaliers qu'il va voir ; ce Sargines-là , c'est mon cousin, mon ami , il ne sauroit perdre aux comparaisons que je pourrois faire.

S A R G I N E S.

Aimable et généreuse Sophie...j'oserai donc lever les yeux , puisque je ne vous fais pas rougir.

SCÈNE VII.

LES PRÉCÉDENS, MONTIGNY , CHŒUR de Paysans et de Paysannes.

PIERRE.	PAYSANNES, ISIDORE , ISELLE et GENEVIEVE.	PAYSANS.	SOLDATS.
Honneur à nos fiers défenseurs.			Plus de frayeurs, plus de terreurs,
Gloire à nos vengeurs,	Honneur, etc.	Honneur, etc.	Que l'espérance renaisse dans les cœurs ;
Que le ciel veille sur leur vie,			Desbarres s'avance , nous reviendrons vainqueurs :
Ils vont sauver la patrie :			
Honneur et gloire à nos vengeurs.			Vive la France , vive l'honneur.

COMÉDIE.

MONTIGNY.

Je vous revois enfin, jeune et belle Sophie,
Pour l'heureux Montigny, quel instant précieux !
Mais plus à ses regards vous êtes embellie,
Plus il craint pour son cœur ce qui charme ses yeux.

RÉCIT.

Daignez recevoir cette lettre,
Desbarres en vos mains m'a dit de la remettre :
De vous va dépendre mon sort ;
Vous tenez dans vos mains, ou ma vie, ou ma mort.

SOPHIE, *pâle, tremblante, ouvre la lettre et lit :*

« Je n'ai pas dû oublier la fille du brave Ville-Hardouin,
» d'un preux et bon chevalier qui combattit sous mes ordres,
» servit bien sa patrie, et mourut aussi pauvre qu'estimé. Je
» lui promis de tenir lieu de père à sa fille, de pourvoir à son
» bonheur, et j'acquitte ma parole. Celui qui vous remettra
» cette lettre, aimable Sophie, est un vaillant soldat que j'aime,
» et dont la fortune est assurée, puisque j'en fais le plus doux
» de mes soins. Regardez-le comme votre époux, et que le
» ciel favorise une union qui me plaît, et dont je vais presser
» l'instant ».

GUILLAUME *DESBARRES.*

SARGINES, *a part.*

Juste ciel ! et je vis encore ?

SOPHIE.

A ces bontés dont on m'honore,
A vos soins empressés,
Mon trouble dit assez
Que je ne puis répondre encore,
De ces nœuds imprévus qu'un ami me destine.
Souffrez, seigneur, souffrez que mon cœur effrayé,
Quelques instans, du moins, en secret s'examine,
Avant que pour jamais il se trouve lié.

MONTIGNY.

Je sais trop ce que je vous dois,
Pour moi vos desirs sont des lois.
Je vole où la gloire m'appelle,
L'Anglois va tomber sous mes coups,
A vos pieds je reviens fidèle,
Ou je mourrai digne de vous.

B

SOPHIE.	SARGINES.	MONTIG.	PIERRE.	PAYSANS, PAYSANNES, ISIDORE, ISELLE et GENEVIEVE.	SOLDATS.
Hélas ! il revient vainqueur et fidèle, Il revient être mon époux. Je cède à ma peine mortelle. O destin ! que m'ordonnez-vous ! Votre amitié m'est plus cruelle, Que n'eût été votre courroux.	Son époux ! A ses pieds il revient fidèle ! Il revient être son époux ; Honte pour moi toujours nouvelle, Il revient vainqueur et fidèle, Il revient être votre époux.	Je vole, etc.	Volez, la gloire vous appelle, L'Anglois va tomber sous vos coups. Pour un peuple à l'honneur fidèle, La gloire est le bien le plus doux.	Volez, etc.	Volons, etc.

(Les troupes défilent, Galon de Montigny prend et baise respectueusement la main de Sophie ; Sargines fait un mouvement qui décèle sa jalousie ; Sophie après avoir fait quelques pas se retourne, et pour consoler Sargines, elle lui donne l'autre main avec un air de bonté. Les paysans toujours chantant accompagnent le détachement.)

FIN DU PREMIER ACTE.

ACTE SECOND.
SCENE PREMIERE.

ISELLE *seule, courant.*

Isidore, Isidore.... où est-ce qu'il est donc fourré ? pas chez son père.... pas dans le village.... pourquoi donc est-ce qu'il me manque quelqu'chose quand ce fripon-là n'est pas avec moi ?

Toujours à ma pensée
Mon cher Isidore est présent ;
Un moment délaissée,
Me v'là toute je n'sais comment:
Pour lui toujours mon cœur soupire ;
Mon Isidore est si genti,
L'penchant qui nous attire,
S'aimer et se le dire,
Ah ! c'est joli, mais ben joli ;   (*bis.*)
Moi, j'suis d'avis qu'c'est très-joli.   (*bis.*)

Nous grandirons, j'espère,
Il sera, lui, haut comme ça ;   (*le geste.*)
La taille de ma mère,
Je l'aurai, moi, j'arriverai là.   (*le geste.*)
Puis le moment du mariage,
Moment charmant, où j'dirai, oui ;
Les p'tits soins du ménage,
L'plaisir après l'ouvrage.
Ah ! c'est joli, mais ben joli ;   (*bis.*)
Moi, j'suis d'avis qu'c'est très-joli.   (*bis.*)

V'là monseigneur qui vient, peut-être qu'il me dira, lui...

SCENE II.
ISELLE, SARGINES.

ISELLE.

Monseigneur, savez-vous où est Isidore ?

SARGINES.

Non.

ISELLE.

Il est fâché, je me sauve.

SARGINES, *seul.*

Je ne sais où je vais... je ne sais où je suis.... il se passe là (*montrant son cœur et sa tête*) quelque chose d'incompréhensible; je pleure.... mon cœur palpite.... il est toujours devant mes yeux ce Montigny.... que Guillaume Desbarres destine à ma cousine... qui la mérite, car il sert sa patrie....' et moi.... pleure, pleure, Sargines... Sophie, ah ! Sophie. (*Il tombe sur le banc de gazon, abîmé dans sa douleur.*)

Je l'apperçois, fuyons... et du moins avant de paroître à ses yeux... calmons un peu le trouble qui m'agite.

SCÈNE III.

SOPHIE, GENEVIÈVE.

SOPHIE.

N'est-ce pas Sargines que je viens d'appercevoir ?

GENEVIEVE.

Eh ! mais oui, c'est lui-même... miracle ! madame, prodige ! il court.

SOPHIE.

Est-ce moi qu'il fuit ?

GENEVIEVE.

Oh ! mon Dieu, vous savez bien que dans tout ce qu'il fait, il n'y a jamais d'intention.

SOPHIE.

On se trompe peut-être beaucoup dans l'opinion qu'on a de lui.

GENEVIÈVE.

Cela se peut; mais du moins il n'y a que vous qui ayiez la bonté de le penser.

SOPHIE.

Abandonné de tout le monde et relégué dans ce château soli-
taire, il n'a que moi pour le consoler.

GENEVIEVE.

Mais songez donc quel chagrin mortel pour le brave Sargines, pour votre oncle, d'avoir un fils inhabile à tout, insen-
sible à la gloire, à l'honneur; quel preux chevalier peut sou-
tenir l'idée d'avoir donné le jour à un être inutile à sa patrie ?

SOPHIE.

Eh ! falloit-il se rebuter si-tôt ? Un fils n'a-t-il pas droit à
quelque indulgence ? Un développement tardif doit-il décou-
rager un père ?... Mon oncle, exemple d'honneur, de bravoure
et de loyauté, s'il y joignoit la patience et la douceur, seroit
un mortel accompli.

GENEVIEVE.

A propos, que pensez-vous du brave Montigny ?

SOPHIE.

Ce que j'en pense !

GENEVIEVE.

Convenez que Desbarres en vous le destinant pour époux,
s'acquitte bien de ce qu'a fait pour lui votre père... Ah ! que
vous allez être heureuse !

SOPHIE.

Heureuse !

> Si l'hymen a quelques douceurs,
> Les tiendroit-il de la richesse ?
> Que lui font de tristes honneurs !
> Rien ne remplace la tendresse.
>   C'est un ami
> Qui de moi dispose aujourd'hui,
> Par le plus brillant hyménée
> Il veut me rendre fortunée :
> Moi, je ne crois point au bonheur
> Dont la source n'est point au cœur.
> Si l'hymen a quelques douceurs, etc.

GENEVIEVE.

C'est-à-dire, que la jolie figure, la vaillance, la richesse

du sire de Montigny, sa main qu'il vous offre, et la faveur
dont les hommes les plus puissans l'honorent... tout cela c'est
du bien perdu.

SOPHIE.

Et perdu sans retour ; on n'obtiendra ma foi qu'après avoir
obtenu mon cœur.

GENEVIEVE.

Et ce cœur, madame, vous appartient-il encore ?

SOPHIE.

Je crois qu'oui.

GENEVIEVE.

Ah ! voilà un je crois... qui ne me permet plus de douter.

SOPHIE.

Quoi ! tu penserois ?...

GENEVIEVE.

Est-ce que par hasard... le jeune Sargines ?...

SOPHIE.

Lui, Geneviève, c'est mon cousin.

GENEVIEVE.

Oh ! petit cousin...

SOPHIE.

Je l'aime d'amitié... mais comment peux-tu soupçonner...
tu le trouves si gauche... si borné.

GENEVIEVE.

S'il parvient à aimer, le desir de plaire lui donnera bientôt
de l'esprit et des graces.

S C E N E I V.

PIERRE, SOPHIE, GENEVIEVE.

PIERRE.

Madame, un pauvre jeune homme, bien honteux, bien
chagrin, qui n'ose paroître devant vous, et qui en a grande
envie, demande à deux genoux la permission de venir vous
conter ses petites peines.

S O P H I E.

Est-ce que mon cousin ne sait pas avec quel plaisir je le vois toujours ?

P I E R R E.

C'est que, voyez-vous, v'là la confusion qui l'y reprend de plus belle, attendu que le général, a c' qu'on prétend, arrive au camp drès aujourd'hui, qu'il passera devers ici, parce que c'est son chemin, que le sire de Sargines qu'est avec le reste de l'armée près d'ici, viendra le recevoir dans ce château, qui g'nia à parier que le général l'y dira : montre-moi ton fils, et que not' jeune maître qui sait bien n'être pas trop bon à voir, voudroit bien que son père ne fit pas ce petit cadeau-là au brave Guillaume Desbarres.

G E N E V I E V E.

Oh ! il peut se présenter, ami Pierre, nous venons d'avoir une conversation qui ne l'auroit pas chagriné s'il l'avoit entendue.

P I E R R E.

Allons, mam'selle Geneviève, sur vot' caution je m'en vais vous l'amener, lui, sa douleur, ses beaux projets et mon amour que je vous rapporte avec lui. (*Il sort.*)

S C E N E V.

SOPHIE, GENEVIEVE.

S O P H I E.

Je ne sais pas pourquoi j'appréhende la conversation que je vais avoir avec mon cousin. N'as-tu pas remarqué, Geneviève, comme il étoit triste quand le sire de Montigny m'a présenté la lettre du général.

G E N E V I E V E.

Oui, je me suis apperçue que vous n'aviez pas l'air plus gai que lui.

SCENE VI.

SARGINES, SOPHIE, PIERRE, GENEVIÈVE.

SARGINES.

Ma cousine... me voilà.

GENEVIEVE.

Grande nouvelle.

SOPHIE.

Pourquoi Sargines craint-il d'aborder son amie ?

SARGINES.

C'est que je n'ai jamais eu tant de chagrin... et que comme je n'ai pas beaucoup d'esprit... j'en ai encore moins quand je suis bien triste.

SOPHIE.

En me disant la cause de vos peines, peut-être parviendrai-je à les calmer.

SARGINES.

Oh ! la cause... je sens et je ne puis dissimuler mes torts... Qu'il est dur d'avoir à rougir devant sa cousine !... qu'il est cruel d'être hai de son père !...

SOPHIE.

Non, votre père ne vous hait pas...

SARGINES.

Il le doit, car je le mérite... et cela est bien affligeant... Je sens si vivement à présent combien il est doux, combien l'on a besoin d'être aimé...

GENEVIEVE.

Ce qu'il dit là n'est pas d'un mal-adroit.

PIERRE.

Je vous dis qu'à présent qui me fréquente, il n'est pas re-connoissable.

SOPHIE.

Avec de pareils sentimens, vous mériterez bientôt d'obtenir ce que vous souhaitez...

SARGINES.

Ah! si je ressemblois à Montigny, j'aurois bientôt, je crois, lieu d'espérer qu'une personne charmante me distinguât...

SOPHIE.

Si vous lui ressembliez, tout aimable qu'il est, je ne serois jamais la personne dont vous parlez.

SARGINES.

Ah ! belle cousine, que vous me donnez de joie !... Vous ne l'épouserez donc point ?

SOPHIE.

Jamais.

SARGINES.

Mais si le général à qui votre père vous a recommandé en mourant s'obstinoit par malheur...

SOPHIE.

Desbarres est juste et bon ; il sait que son pouvoir ne s'étend pas sur les affections de l'ame ; il ne peut pas vouloir mon malheur.

SARGINES.

Votre malheur !... Oh ! comme je vais me livrer à l'étude, comme je vais réparer mes fautes !

SOPHIE.

C'est alors que vous retrouverez le cœur de votre père... alors vous mériterez qu'une femme vous distingue...

SARGINES.

Et ma cousine alors sera-t-elle cette femme adorable... dont elle parle ?

SOPHIE.

Avez-vous regardé ce livre, que j'ai remis entre vos mains.

SARGINES.

Oui, sûrement.

SOPHIE.

Voulez-vous que nous le lisions ensemble ?

SARGINES.

Si j'hésite... si je fais des fautes... vous ne vous moquerez pas de moi !

SOPHIE.

Sophie se moquer de son ami !... Asseyons-nous ici.

PIERRE.

Je crois que j'en pourrions bien faire autant, je causerons plus commodément, qu'en dites-vous, mam'selle ?

GENEVIEVE.

Je suis de ton avis ; je crois que nous avons beaucoup de choses à nous dire.

PIERRE.

Voyons, apprenez-moi à lire aussi, à moi.

GENEVIEVE.

Dans quel livre ?

PIERRE, *montrant le cœur de Geneviève.*

Dans celui-là... Ah ! le joli grimoire à déchiffrer !

QUATUOR.

SARGINES,	SOPHIE.	PIERRE.	GENEVIEVE.
(ouvre le livre pour lire. Ce qui est souligné se lit dans ce livre. Il lit).			
Onc n'avez vu...., *de votre vie,* *œil plus charmant* (vivement.) *Que l'œil de ma So-phie.*	œil plus charmant *Que l'œil de...*	Ah ! mon Dieu, le joli ruban ! Je veux le porter tout' ma vie,	Prends - le donc le joli ruban ! Le voilà s'il te fait envie.
Ce mot est un mot charmant, Celui-là se lit aisément. Je ne l'oublierai de ma vie.	C'est mon nom, Ah ! quel trouble étonnant ! Je ne l'éprouvai de ma vie.	En revanche aussi du ruban,	Comment donc, rien n'est plus galant,
L'éclat de son teint *Est la fraîche rose,* *Qu'aurore au matin* *Vient de voir éclose.* Son éclat n'a que peu d'instans ; Mais le vôtre est de tous les tems.	Vous vous interrompez souvent, On perd le fil. Ah ! quel trouble, etc.	Reçois ce bouquet galant.	Troc d'un bouquet contre un ruban.
(On le reprend.) Quel moment charmant, Je ne l'oublierai de ma vie.			
(*haut.*) Continuons : ô trouble extrême !	(*haut.*) Continuez : ô trouble extrême !	(*à part.*) Est doux.	
Que son parler Oh ! doux. *L'adorer est un bien su-prême,* *Le lui dire est le bon-heur même.* *Vous l'éprouvez tous ;* *Mais je suis plus heu-reux que vous.* *Elle me dit, elle m'dit,*	Je t'aime.		

Comment avez - vous dit !	*Je t'aime.*		
Ah! que ce mot est doux !			
Je veux le prononcer moi même,	Oui , ce mot est bien doux !	Oui, ce mot est bien doux	
Je t'aime, je t'aime, je t'aime.	Entendez-vous?	Entendez-vous !	Entendez-vous!
Ah ! répétez encor.	Je t'aime.		
Qui parle du livre ou de vous !			
Ah ! Sophie, je vous aime,	Ah ! Sargines, oui, je vous aime.		
Et pour la vie, ah ! dites - le de même.	Pour la vie, c'est vous que j'aime.		
O douce ivresse du bonheur !	O douce ivresse , etc.	Non l'amour n'est point une erreur.	Non, l'amour etc.
Ah ! ne quitte jamais mon cœur.			
Doux moment , Sophie !	Doux moment , Sargines !		
Ah ! l'instant du bonheur,	Ah ! l'instant , etc.	Ah ! l'instant, etc.	Ah ! l'instant etc.
Est l'instant où l'on aime.			

(*Pierre et Geneviève s'éloignent et se promènent sur la montagne , toujours aux yeux du public ; ils regardent fréquemment vers le côté par lequel Sargines père est censé devoir arriver.*)

SOPHIE.

Vous m'avez arraché mon secret... je ne me repens pas de l'avoir trahi... Vous serez digne , ô mon ami ! du pur amour que vous m'avez inspiré.

SARGINES.

Eh ! qui a pu vous intéresser en moi ?

SOPHIE.

Votre malheur , l'abandon où vous étiez de tout le monde, et un pressentiment que j'aime... un pressentiment qui m'annonce qu'un jour l'objet de ma tendresse illustrera le nom de ses aïeux.

SARGINES.

Oui, Sophie.. oui, je mériterai les sentimens dont m'honorent et la vertu et la beauté.

SOPHIE.

Mais ne nous flattons point, Sargines... nous ne serons jamais l'un à l'autre.

S A R G I N E S.

O ciel ! Quoi ! l'heureux Montigny ?...

S O P H I E.

Quand Sargines a mon cœur, doit-il penser qu'un autre puisse obtenir ma main ? Non, mon ami, non ; votre père, Desbarres lui-même, le monde entier ne contraindront jamais mon ame : je vous aime, et jusqu'à la mort je vous aimerai sans espoir. Je suis sans biens ; votre fortune est immense ; votre père n'approuvera jamais une union que l'intérêt rend impossible ; mais je rends grace à l'amour que j'ai fait naître en votre ame, s'il vous arrache à l'indolence où jusqu'ici vous avez vécu. Aimez-moi, tant que ce sentiment sera nécessaire chez vous au développement de l'esprit et du cœur ; aimez-moi, tant que mon image servira de mobile à vos grandes actions ; aimez-moi, tant que je contribuerai à vous faire aimer la gloire, et cessez de m'aimer quand vous aurez contracté l'habitude de l'héroïsme et des vertus.

S A R G I N E S.

Sargines cesser d'aimer Sophie ! Mon ame vient de concevoir l'idée de la vertu, du véritable honneur, Sophie, et ces deux sentimens sont inséparables. La vertu, l'honneur et Sophie vivront là, (*montrant son cœur*) tant qu'une goutte de sang coulera dans mes veines.

S O P H I E.

O mon ami ! aimable compagnon de mon enfance ! que cet élan d'une ame généreuse est doux à votre amant ! Qu'un jour dans la retraite profonde où s'écoulera ma vie, je m'applaudirai du succès de mes soins ! Le bruit de vos hauts faits parviendra dans ma solitude ; il en adoucira les ennuis ; je m'énorgueillirai de vos triomphes, et je dirai : c'est à l'amour que Sargines eut pour moi, que ma patrie doit aujourd'hui son salut et sa gloire. Oui, Sargines, un jour vous monterez au temple de l'honneur, un jour vous serez élevé au noble grade de chevalier.

S A R G I N E S.

Sophie... j'en deviendrois digne, j'oserois y prétendre.

S O P H I E.

Il faut le mériter. Souviens-toi qu'un bon, qu'un vrai chevalier n'existe point pour lui ; il vit pour sa patrie, pour les infortunés ; son bras doit toujours être armé pour secourir

l'innocence qu'opprime l'injustice, pour défendre la veuve, le
pauvre, l'orphelin : sa fortune n'est point à lui ; elle appartient
à tous les malheureux. Dieu, ta patrie, et la dame de tes
pensées...

SARGINES.

Sophie ! Sophie !

SOPHIE.

Eh bien ! oui, Sophie... voilà ce qu'il faut sans cesse avoir
devant les yeux. Persuade-toi qu'ils te suivent, qu'ils t'obser-
vent, qu'ils lisent dans ton ame ; et juge après cela si rien
t'est permis de ce que l'honneur désapprouve.

SARGINES.

Oui, quoique je fasse, je dirai : Sophie est là, Sophie me
voit, Sophie applaudiroit-elle à cette action ? Si je puis m'en
flatter, je serai sûr de moi-même et des autres.

SOPHIE.

Ne souffrez jamais qu'un téméraire ose inculper devant vous
un sexe sans défense, et qui n'a que vous pour protecteur,
appui de votre enfance, charmes de vos beaux jours, votre
unique consolation dans la vieillesse. Que de titres sacrés parlent pour nous au cœur de l'honnête homme !.. Les femmes...
ah ! malheur au mortel corrompu qui se plaît à les avilir ; il
faut les respecter toutes.....

SARGINES.

Et n'aimer que Sophie !... Grand Dieu ! c'est devant toi que
je le jure.

SOPHIE.

Sargines, cher Sargines !... Mais on atttend le général ; et
votre père, campé près de ces lieux, viendra sans doute ici
le recevoir... Sargines, aux yeux de votre père, bannissez
cette timidité qui jusqu'ici vous a perdu dans son esprit : me
le promettez-vous ?

SARGINES.

Vous avez élevé mon ame ; ce cœur, je le sens, est suscep-
tible désormais des sentimens les plus généreux... Mais un
regard de mon père me fait trembler ; il s'est montré si sé-
vère envers moi ! un mot de lui, j'en suis sûr, va brouiller
toutes mes idées.

SOPHIE.

Me trompé-je ? N'appercevez-vous pas à travers ces ar-

bres, au pied de la montagne, un chevalier armé qu'accom-
pagne un seul écuyer ? Il descend de cheval... Pierre et Geneviève lui parlent ? c'est votre père, il s'avance vers nous.

S A R G I N E S.

Mon père ? Ah! de quel œil va-t-il me voir ! comment me
traitera-t-il ?

P I E R R E.

Non, notre cher maître... Desbarres, le brave Guillaume
n'a point encore paru, je le reconnoîtrions ben, peut-être,
quoique je ne l'ayons jamais vu : un général qui bat toujours
et qui n'est jamais battu, ça n'est pas commun... entre mille
on le reconnoîtroit.

S A R G I N E S.

Que tous mes vassaux se tiennent prêts à le recevoir... Où
est ma nièce ?

G E N E V I E V E.

La voilà, Monseigneur... (*aux paysans qui paroissent.*) Arrivez, arrivez.

P I E R R E, *parlant à quelques paysans qu'il voit sur la
montagne.*

Ecoutez-moi, vous autres.

S C E N E V I I.

Les Précédens, SARGINES, père, son ECUYER, ISELLE.

S A R G I N E S , père.

(*Il apperçoit Sophie qui court se jetter à ses pieds ; il la relève
et la presse dans ses bras.*)

Viens dans mes bras, viens, ma Sophie.

(*Sargines fils s'approche timidement de son père, et la frayeur
qui s'empare de lui de plus en plus à chaque instant lui rend
toute la pesanteur et la mal-adresse qu'il avoit au commènce-
ment de la pièce.*)

S A R G I N E S , fils.

Mon père !...

S A R G I N E S , père.

Ces lieux que vous habitez, où vous m'avez tant de fois
fait rougir, et que j'avois juré de ne plus revoir, me montrent-

ils enfin un fils digne de moi ? Auriez-vous ouvert les yeux
sur le déshonneur dont vous couvrez mon nom ? Répondez.

SARGINES, *fils.*

Mon père... vous voyez... Sophie...

SARGINES, *père.*

Oui, je vois dans Sophie, dans ma nièce, mon espoir, ma
consolation, le digne sang des héros de ma race... et dans le
fils qui devoit être la joie, l'orgueil de ma vieillesse, qu'y
vois-je ? Répondez.

SOPHIE.

Il eut des torts sans doute, mais bien involontaires... et
vous verrez qu'à présent peut-être...

SARGINES, *père.*

Vous l'avez toujours excusé, Sophie ; vous m'avez flatté
sans cesse d'un espoir qu'il n'a jamais réalisé... Parle... es-tu
digne de me nommer ton père, et puis-je, sans rougir, t'a-
vouer pour mon fils ?

PIERRE.

Oui, morgué, monseigneur, vous le pouvez... moi je suis
sa caution... Gni avoit de l'étoffe dans not' jeune homme, c'est
qu'on n'avoit pas su s'y prendre...

SARGINES, *père.*

Sophie, seroit-il vrai que le ciel eût enfin exaucé mes priè-
res ?... Sargines, l'espérance de te voir un jour digne de tes
aïeux ne me seroit point ravi ? Viens, je vais l'éprouver... Tu
trembles !...

SARGINES, *fils.*

Ah ! l'humiliation...

SARGINES, *père.*

Quoi ! des larmes ! ... Un homme !

SARGINES, *fils.*

Ces regards sévères... cette voix formidable...

SOPHIE.

Ah ! soyez père, et daignez lui en parler le langage.

SARGINES, *père.*

Viens, il ne tient qu'à toi d'avoir un père, un père tendre ;
prouve-moi que j'ai un fils, prouve-moi que tu mérites et
mon estime et ma tendresse ; viens me montrer des progrès

dont je doute... Ah ! Sargines !... cruel enfant... ici près dans la plaine, on va se battre... les braves y seront... l'élite des François... tous les fils des preux, les fils de mes amis, de mes compagnons d'armes, mon fils seul n'y sera pas.

SARGINES, fils.

Ah, Dieu !

SARGINES, père.

Un cheval, des armes, que l'on prépare tout... tu combattras cet écuyer... mon cœur brûle de te croire rendu à l'honneur ; mais mes yeux ont besoin de s'en convaincre... Sargines, je t'attends ; Sophie, viens me joindre avec lui... ma fille, oui tu l'es, car je ne puis renoncer au bonheur d'être père. Tu as vu Montigny, tu sais maintenant l'intérêt que Guillaume Desbarres daigne prendre à toi ; tu t'en montreras digne ; va, l'instant qui assurera ton bonheur, sera celui de ma félicité. (*Il remonte la montagne.*)

SCÈNE VIII.

LES PRÉCÉDENS, excepté SARGINES, père.

PIERRE.

Allons, jarni goi, monseigneur,
Faut montrer qu'vous avez du cœur.

SARGINES.

J'ai donc perdu toute espérance.

SOPHIE.

Comptez-vous pour rien ma constance ?

SARGINES.

Montigny ne pourroit abattre
Ce cœur par la crainte agité.

SOPHIE.

Songez que vous allez combattre,
Et devant un père irrité.

SOPHIE.	GENEVIEVE.	ISELLE.	SARGINES.	PIERRE.	CHŒUR.
Songez, etc.	Songez, etc.			Faut morgué faire le diable à quatre ; Et que l'écuyer soit frotté.	
		Contre qui va-t-il donc se battre !			Contre qui va-t-il donc se battre.
C'est devant un père irrité Que vous allez bientôt combattre ;	C'est devant, etc.	S'il alloit lui faire du mal.	Mon père et sa sévérité, Voila tout ce qui peut m'abbatre.	C'est devant, etc.	S'il alloit lui faire du mal.
	Allons, Monseigneur,	Allons, Monseigneur,		Allons, Monseigneur,	Allons, Monseigneur,
C'est l'instant de la valeur.	C'est l'instant de la valeur.	Je vons admirer la valeur. (à Pierre.) Quoi ! tout ce qu'il fait est votre ouvrage ? Nous allons voir commi' il se bat. Qui l'a donc instruit au combat ? Qu'est donc son maître de lecture ? Qui est son maître d'écriture.	Quel moment pour mon cœur !	Montrez que vous avez du cœur. Vous allez voir mon ouvrage. Vous allez voir commi' il se bat. C'est moi. (en s'avançant vers Sargines.)	Je vons admirer la valeur. (à Pierre.) Quoi ! tout ce qu'il fait est votre ouvrage ! Nous allons voir com' il se bat. qui l'a donc instruit au combat ! Qu'est donc son maître de lecture ! Qui est son maître d'écriture !
Voilà l'instant de la valeur.	Voilà l'instant de la valeur.		Rigueur d'un père ! Instant fatal ! Ah ! si mon père comptoit sur moi, une armée,	Qu'on choisiss' le meilleur cheval, Suivez-moi dans notre arsenal, Je prendrai la meilleure épée, Lame bien fine et bien trempée.	

			Contre moi seul ani-mée, Ne me cau-seroit nul effroi, Je brave-rois mille soldats, Et leur fu-reur, et le trépas. Mais je ne puis bra-ver l'outra-ge, Il m'abbat, il me dé-courage.		
Sophie y se-ra ; de la fierté. Il faut sa-voir bra-ver l'ou-trage. Sargines, mon ami du coura-ge.	Sophie y se-ra ; de la fierté. Soyez, soyez plus affermi.	S'il alloit être mal-traité ! Le pauv' petit, ce s'roit dom-mage.	De quoi peut servir la fierté, Contre un père qui nous ou-trage ! Oui, je re-prendrai ma fierté, Et je sau-rai braver l'outrage.	Nous allons voir un beau tapage, Et l'écuyer sera frotté. *(le geste du poing.)* Avec moi s'il vouloit se battre ; Ah! comme l'écuyer s'roit frot-té ! *(On commence à s'ap-procher de Sargines.)*	S'il alloit être mal-traité ! Le pauv' petit, ce s'roit dom-mage.
Du coura-ge.	Du coura-ge.	Du coura-ge.	Du coura-ge.	Du coura-ge.	Du coura-ge.

FIN DU SECOND ACTE.

ACTE TROISIEME.

Le Théâtre représente un grand Salon antique, aux murs duquel sont appendues différentes armures. Une statue figurant Charlemagne, et sise sur un piédestal.

SCENE PREMIERE.

ISELLE, ISIDORE.

ISELLE.

Mais, dis-moi donc, ous'que tu t'étois caché ?

ISIDORE.

Dame ! c'est qui disiont tretous que Guillaume Desbarres ne tarderoit pas à arriver, et moi qui ne l'ai jamais vu, j'ai couru sur le chemin par ous'qui prétendions qui devoit passer...

ISELLE.

Eh ben, conte-moi donc ça ; l'as-tu rencontré ? g'ni avoit-il ben du monde avec lui ? a-t-il bonne mine ? qu'est-ce qui t'a dit ?

ISIDORE.

Bah ! il ne m'a rien dit.

ISELLE.

Et pourquoi donc ça ?

ISIDORE.

C'est que je ne l'ai pas vu ; je m'étois assis sur une petite monticule d'ous que je pouvois voir de plus loin ; j'ai attendu, et quand j'ai vu au bout d'une heure que je ne voyois rien, j'ai pris bravement mon parti, et je me suis en allé.

ISELLE.

Le sire de Sargines est arrivé.

ISIDORE.

Le père de not' jeune maître ?

ISELLE.

Eh ! mon Dieu oui, et l'on se bat là-dehors.

ISIDORE.

Qui ça donc ?

ISELLE.

Le petit Sargines.

ISIDORE.

Contre son père ?

ISELLE.

Eh ! non... contre un écuyer qui est fort comme tout, et monseigneur, qui tarabuste toujours son fils, m'a fait tant de peine, que je n'ai pas pu y tenir.

Ah ! comm' il est méchant son père!
Ah ! comm' il se met en colère !
    Oh ! se fâcher pour rien,
    Oh ! non, ça n'est pas bien.
Le pauvre enfant, tout fâché d'ça,
Alloit frappant de-çà, de-là ;
I se r'tournoit, i s'en alloit,
I revenoit, i s'démenoit,
    Puis i pleuroit :
    Grand peur j'avois
    Qu'il n'eût quelque blessure.
    Je frémissois,
    Sur-tout quand je voyois
Voler en éclat son armure.
Monseigneur son père étoit là,
Qui n'étoit pas content de çà.

ISELLE.

Oh ! comm'il est méchant, etc.

ISIDORE.

Oh ! comm'il est méchant, etc.

SCENE II.

PIERRE, ISIDORE, ISELLE.

PIERRE.

Queque-vous faites-là ? qu'avez-vous à faire ici ?... Décampez-moi au plus vîte... Pourquoi est-ce que je vous trouve toujours ensemble ?

ISELLE.

C'est que je nous sommes rencontrés sans le vouloir.

PIERRE.

Rencontrés dans ce salon ?... et qu'y vient-il chercher ce petit vaurien-là ?

ISIDORE.

M. Pierre, c'est que je passois en passant.

PIERRE.

Oui, j'passois, j'passois... Ce n'est pas ici un passage... La première fois que je te trouverai avec s'te petite fille... prends garde à toi... Ce mauvais sujet... avec son j'passois...

ISIDORE, *à part à Iselle.*

Oh ! comme il est de mauvaise humeur donc.

ISELLE, *à part à Isidore.*

C'est une malédiction, tous les pères aujourd'hui sont comme ça.

PIERRE.

Allons, allons, tournez-moi les talons... Eh bien ! vous vous en allez ensemble ?

ISELLE.

Oh ! je nous quitterons à la porte. .

(*Ils sortent à pas précipités, en se tenant très – près l'un de l'autre.*)

SCENE III.

PIERRE, *seul.*

Me v'là, morgué, ben chanceux. J'ai reçu de biaux complimens pour les talens de mon élève... Si jamais je donne des leçons d'escrime... Le pauvre enfant ! il n'y a pas de reproche à lui faire cependant, excepté d'être tombé de cheval ; il est vrai qu'il ne l'auroit pas jetté à bas sans le petit coup de fouet dont l'a gratifié monseigneur son père, et auquel le pauvre animal ne s'attendoit pas plus que son cavalier, et ce maudit fossé dans lequel il s'est laissé choir tout de son long... Mais convenons aussi que faut avoir le diable au corps, pour exiger d'un pauvre enfant comme ça de sauter un fossé de dix pieds de large, le dos chargé d'une armure qui pèse deux cents livres, et sur-tout quand on s'entend crier aux oreilles : (Oh ! le paresseux ! oh ! l'efféminé, il ne sautera pas.) Le découragement vous gagne, on a beau prendre son escousse, le cœur n'y est plus ; on saute et l'on tombe... c'est tout simple. Et ce maudit

écuyer, qu'il n'a pas pu seulement entamer : dans les com-
mencemens pourtant il y alloit de tout cœur... Mais son père
me faisoit damner avec ces... (Ah! le mal-adroit... il se lais-
sera battre... Oh! il sera battu...) et effectivement il l'a été, et
devant madame Sophie encore.

S C È N E   I V.

S A R G I N E S , P I E R R E.

S A R G I N E S , *entrant avec toutes les marques du désespoir, et
parlant à la cantonnade.*

Non, mon père, n'imputez qu'à vous mon malheur; c'est
vous qui m'avez perdu.

> Non, je ne puis supporter ma honte;
>   Qu'elle est un pesant fardeau!
> J'invoque la mort la plus prompte,
> Mon seul asyle est le tombeau.
>   Toi, l'ame de ma vie,
>   Ma divine Sophie,
> Je ne te ferai plus rougir,
> Et pour jamais je vais te fuir.
>   Perdre le jour,
>   Voilà mon seul desir;
>   Mais mon dernier soupir
>   Est pour l'amour,
>   Sophie,
>   Est pour l'amour.
> Non, je ne puis, etc.

P I E R R E.

Allons, allons, prenez courage; voilà de la consolation qui
nous arrive. (*Pierre s'éloigne en voyant entrer Sophie.*)

SCÈNE V.

SOPHIE, SARGINES.

SOPHIE.

Ne me fuyez pas, mon ami , osez revoir Sophie... Elle vient donner à Sargines les éloges que lui ont refusés la pré-vention et l'injustice.

SARGINES.

Et vous aussi ! vous insultez à mon malheur.

SOPHIE.

Vous insulter , moi ! Et de quel malheur parlez-vous ? de légers revers que l'on a provoqués , des reproches quand il falloit des encouragemens, des injures où l'on devoit des louan-ges; tout cela , mon ami , prouve-t-il contre vous ? Non.... votre sensibilité vous a trahi; elle a produit en vous le décou-ragement; mais cette sensibilité même à mes yeux pour vous est un titre de plus : qui ne craint point la honte n'aimera ja-mais la gloire ; rendez-vous votre estime; vous n'avez pas perdu la mienne.

SARGINES.

Ah ! Sophie, quel avenir m'est réservé !

DUO.

SOPHIE.	SARGINES.
Sargines , aux noirs présages	
Peut-il s'abandonner !	
La gloire a ses orages ,	
Pourquoi s'en étonner ?	
	Généreuse Sophie ,
	Vous devez me haïr.
	Pourrai-je aimer la vie ,
	Si je vous fais rougir ?
Non la mort n'est point un remède	La mort est le seul remède
Aux malheurs qu'on n'a pu parer.	Aux malheurs qu'on n'a pu parer.
Le mortel sans courage y cède.	
Le héros sait les réparer.	
Il faut le forcer au retour.	Avoir perdu le cœur d'un père.
Il faut mériter son amour.	Il m'accable de sa colère.

J'élancer au fort des combats ;	M'élancer au fort des combats
Par le fer t'ouvrir un passage :	Par le fer m'ouvrir un passage :
Tranquille au milieu du carnage	Tranquille au milieu du carnage
Braver les horreurs du trépas !	Braver les horreurs du trépas ;
Et le forcer, par tes travaux	Et le forcer par mes travaux ,
D'admirer en toi le héros.	D'admirer en moi le héros.

SOPHIE.

Il veut me parler , et m'a prescrit de l'attendre en ces lieux... Séparons-nous , Sargines , ranimez votre courage et respectez en vous l'homme qui a mérité mon choix... J'entends du bruit, c'est lui sans doute .. Eloignez-vous.

(*Sargines baise la main de Sophie et sort.*)

SCENE VI.

SOPHIE, *seule.*

Mon oncle voudroit-il abuser de son autorité sur moi, et seroit-il aussi rigoureux pour sa nièce, qu'il est injuste à l'égard de son fils ?

SCENE VII.

SARGINES, père, SOPHIE.

SARGINES, père.

Ma fille.... permets-moi ce doux nom ; ah ! je n'ai plus que toi qui puisses me tenir lieu de ce que j'ai perdu ; tu viens d'être témoin de ma douleur, de ma honte, tu l'as vu, tu n'en peux douter ; je n'ai plus de fils.

SOPHIE.

Vous en avez un, ô mon bienfaiteur, qui sent assez vivement pour succomber à la seule idée du mépris dont l'accable son père... Oui, vous avez un fils qu'un mot de votre bouche , que le plus léger éloge eût rendu invincible ou fait opérer des prodiges à celui de qui l'on paroît en attendre.

SARGINES, père.

Cessons de parler de lui. Sophie, le général s'est expliqué de ses projets sur vous. Montigny brûlant d'être votre époux, est autorisé de l'aveu de son protecteur et du vôtre.

SOPHIE.

L'aveu du général, je n'aurois pas cru le mien moins essentiel à obtenir.

SARGINES, père.

L'amour sera le fruit du tems et de l'estime : enfin, Sophie, Desbarres l'exige, et moi dont vous devez respecter les droits, je vous l'ordonne.

SOPHIE.

L'autorité du protecteur de ma famille et les droits d'un oncle sur moi sont incontestables, et je les respecte ; mais ils ne s'étendent pas sur des sentimens indépendans… même de notre volonté.

SARGINES, père.

Que dites-vous ? eh quoi ! votre cœur ?...

SOPHIE.

Il n'est plus à moi.

SARGINES, père.

Quel aveu !

SOPHIE.

Et pourquoi dissimuler un sentiment qui jamais ne me fera rougir ?

SARGINES, père.

Nommez, nommez l'objet que ce cœur audacieux...

SOPHIE.

J'ai pu vous révéler d'un tel mystère ce qui m'en appartient ; le reste est le secret d'un autre, je n'en puis disposer.

SARGINES, père.

C'en est donc fait, je n'ai plus de fils, et je viens de perdre le seul bien qui m'attachoit à la vie. J'ai donné ta parole à Desbarres... Tu m'avilis, tu me forces à rougir aux regards de l'homme dont l'estime m'est la plus précieuse, mais tu ne jouiras pas long-tems de mon opprobre et de mes douleurs. L'ennemi m'attend, je cours au-devant de ses coups, et je saurai trouver la gloire et la fin de mes maux lorsque ton cœur médite et ma honte et mon désespoir.

SOPHIE.

O mon bienfaiteur ! ô mon père !... révoquez cette horrible menace... plutôt arrachez-moi la vie.

SARGINES, père.

Laissez-moi, laissez-moi...

(*Il sort.*)

SCÈNE VIII.

SOPHIE, *seule.*

Eh quoi ! je serois la cause de sa mort, et ce seroit le prix
de ses bienfaits !

SCÈNE IX.

SARGINES, fils, SOPHIE.

DUO.

SARGINES, fils.	SOPHIE.
O ciel ! Sophie , dans quel état mon père Vient-il de vous quitter !	O ciel ! qui voyez sa colère , Ai-je donc pu la mériter ?
Ah ! rassurez Sargines ; Parlez , quel est mon sort ?	Il court vers les plaines voisines, Il cherche la mort.
Fureur extrême !	Il sait que j'aime.
Ah ! quel aveu vous avez fait ! Ah ! Dieu, ce n'est pas pour moi même Que je crains sa fureur extrême ; Je la crains pour vous et pour lui. Il court vers les plaines voisines, Il y cherche la mort.	Non , j'ai caché ton secret : Je ne crains sa fureur extrême Que pour vous et pour lui. Il court vers les plaines voisines ; Il y cherche la mort.

ENSEMBLE, *avec explosion.*

Grand Dieu !... c'est ta voix qui m'inspire...
Courons , je vole sur ses pas,
Je le suis au milieu des combats.

SARGINES.	SOPHIE.
Adieu , tendre Sophie , Je t'ai donné ma foi. Ton amant peut perdre la vie, Mais non l'amour qu'il a pour toi. Adieu , adieu.	Souviens-toi de Sophie Qui te donne sa foi ; Elle pourra perdre la vie, Mais non l'amour qu'elle a pour toi. Adieu , adieu.

SARGINES, fils, et SOPHIE.

O ciel ! qu'entends-je !

SCÈNE X.

CHŒUR DE PEUPLE, *derrière le théâtre.*

O douce ivresse !
Quelle allégresse !
Il paroît à nos yeux,
Ce guerrier généreux
Qu'il soit vainqueur ;
C'est le vengeur,
L'espoir du bonheur
De la France.
Vive Desbarres, vive Desbarres.

SCÈNE XI.

GUILLAUME DESBARRES, SARGINES, père, SARGINES, fils, SOPHIE, TOUS LES GUERRIERS de la suite de Desbarres, SOLDATS qui accompagnent le GÉNÉRAL, GENS de la maison de Sargines, PAYSANS, PAYSANNES.

GUILLAUME DESBARRES.

Oui, mon ami, oui, brave Sargines, demain l'état sera sauvé, ou nous serons tous ensevelis sous ses ruines... Que j'aime à vous voir rassemblés tous autour de moi... Mes amis... mes chers compagnons d'armes, nous allons courir la même fortune, les dangers sont égaux pour tous, le sort peut tomber sur vous, je n'en suis pas exempt ; mais si je succombe, je veux avoir au moins la douceur de presser une fois mes bons, mes fidèles amis, les généreux appuis de la cause que je défends, contre ce cœur qui les aime.

SARGINES, père.

Vengeur de ton pays ! nous périrons tous avant que l'on parvienne jusqu'à toi.

DESBARRES.

Où est ton fils, brave Sargines, je veux le voir... tu te plains de lui ; je veux te prouver que tu as tort... Où est-il ?

SARGINES, père, *rougissant.*

Le voilà.

DESBARRES.

Il est bien... Approche, mon fils, ne crains rien : tu trembles... as-tu peur de moi ? Va, je ne veux inspirer de l'effroi qu'aux ennemis de ma patrie : mais je veux être l'amour de mes compatriotes... Quel est ton âge ?

SARGINES, fils.

Vingt ans.

DESBARRES.

Et tu n'es pas encore soldat !

SARGINES, père.

Eh ! voilà ma honte.

DESBARRES.

Tais-toi, ne l'intimides pas ; ce n'est pas ainsi qu'il faut s'y prendre... Sais-tu que j'ai besoin de toi ?... Oui, mon fils, j'ai besoin de toi : les braves me sont nécessaires. Au moment d'un combat ne sens-tu pas là quelque chose qui te dit que ce n'est pas ici ta place ?... Ne rougis-tu pas au fond du cœur de n'être pas armé chevalier ?

SARGINES, fils.

J'ai cru... qu'on n'avoit pas besoin de l'être pour savoir mourir.

DESBARRES, *à Sargines père.*

Tu t'es trompé sur ce jeune homme ; il est brave, moi, je te réponds de lui. Lève, lève les yeux sur moi... Je suis l'ami de ton père, quand tu voudras je serai le tien... Il n'est que timide... Il a dans le maintien une noblesse... Ses yeux ont un feu... Je te dis, qu'il n'est que timide, mais son ame a de l'énergie ; aime-le... aiguillonne son orgueil, mais ne le décourage pas ; (*Il apperçoit Sophie.*) Ah ! madame, pardon, je ne vous avois pas vue... Qu'elle est belle ! On a dû ce matin vous rendre de ma part une lettre, madame.

SOPHIE.

Il est vrai.

DESBARRES.

Celui que j'en ai chargé me devroit-il son bonheur et le vôtre ?

SOPHIE.

Mon bienfaiteur permettra-t-il ?...

DESBARRES.

Oui, je comprends, je comprends... tant de témoins... (*Il s'approche d'elle, et lui dit à demi-voix*) : Nous nous rever-

fons après la bataille... je l'espère au moins, nous nous reverrons, et je n'oublierai rien pour vous intéresser en faveur du
loyal, du brave Montigny que j'aime... et que je desire que
vous aimiez.

SOPHIE, *à part, en sortant.*

Grand Dieu ! fais que ma force égale mon courage.

DESBARRES.

Allons, mes braves compagnons, les armées sont en pré-
sence, ne laissons pas aux ennemis la gloire de nous prévenir;
ils ne sont déjà que trop orgueilleux, et sur-tout je vous re-
commande notre loyal ami le comte de Flandres, ce fidèle
vassal, ce brave et digne chevalier, qui, par prudence, se range
toujours du parti qu'il suppose le plus fort.

SARGINES, *père.*

Quoi, général ! tant de sang-froid et de gaieté au moment
d'un combat décisif ? et contre tant de puissances réunies.

DESBARRES.

Ce sont des François que j'y mène; avec eux on ne compte
pas les forces et le nombre des ennemis.. On s'arme, on
combat, on triomphe, et je combattrai pour mes enfans.

SCÈNE XII.

LES PRÉCÉDENS, DESBARRES, DUMETZ.

DESBARRES.

Eh bien ! brave Dumetz, que viens-tu m'annoncer?

DUMETZ.

Général, on apperçoit des mouvemens dans l'armée ennemie;
l'aile gauche que commande le traître Ferrand, le déloyal
comte de Flandres, paroît s'étendre et gagner les hauteurs.

DESBARRES.

Marchons, mes amis... Voici l'instant de délivrer la France,
et de la couvrir de gloire. (*à Sargines, fils.*) Adieu, mon fils,
nous nous reverrons, et pour qu'il te souvienne de moi,
après Dieu, Guillaume Desbarres te fait homme d'armes. Garde
mon épée... tu me préteras la tienne, brave Sargines, je ne
perdrai pas au change.

SARGINES, *père.*

Ah! mon plus tendre ami !... mon désespoir est de n'avoir

qu'une vie à sacrifier pour vous... Quand il naquit j'avois osé
me dire... et lui aussi il mourra pour son Pays.

SARGINES, fils, *faisant un mouvement, et s'arrêtant.*

Mon père, ne jugez pas encore votre fils.

DESBARRES.

Allons, mes enfans... Arrêtez, arrêtez... voilà l'image de
Charles-le-Grand, l'un des plus vaillans, l'un des plus grands
hommes, qui ait illustré notre patrie. Généreux François, je
dépose à ses pieds mon bâton de commandement ; s'il est
quelqu'un parmi vous que vous jugiez plus capable que moi
de vous guider à la victoire, nommez-le... et je suis prêt à
lui obéir.

(*Seigneurs, Peuple, Soldats se jettent aux genoux de Desbarres, et chantent en chœur.*)

Vive Desbarres !

DESBARRES, *reprenant son bâton, qu'il avoit déposé au
pied de la statue.*

Eh bien ! si vous ne me croyez pas indigne de vous comman-
der, suivez-moi, et songez que vous avez à défendre aujour-
d'hui votre patrie, vos familles, vos biens et l'honneur de la
France.

LE CHŒUR, *en suivant Desbarres.*

DESBARRES.	LES SEIGNEURS et LES SOLDATS.
Marchons, marchons, amis, courons à la victoire :	Marchons, amis, courons à la victoire ;
Déjà mon cœur répond de vos succès.	Déjà nos cœurs répondent du succès.
Marchons, braves François.	Marchons, braves François.

LES FEMMES et LES PAYSANS.

Marchez, amis, courez à la victoire ;
Déjà nos cœurs répondent du succès.
Marchez, braves François.

(*Pendant l'entr'acte, on entend par momens le tambour dans
l'éloignement.*)

FIN DU TROISIEME ACTE.

ACTE QUATRIEME.

Le Théâtre représente une campagne, terminée, sur un des côtés et dans l'éloignement, par un village. On entend le bruit des armes, le tambour, les trompettes, les timballes ; on voit de moment en moment passer des pelotons de Soldats, tantôt vaincus, tantôt vainqueurs. On apperçoit dans le lointain, des troupes qui sortent en désordre du village, poursuivant des Paysans, hommes, femmes, qui fuient devant eux. Bientôt la flamme s'élance des toits de plusieurs maisons ; des femmes, des enfans s'arrachent avec peine aux feux qui les environnent. On découvre des mères qui tiennent leurs enfans renversés sur leur sein, des fils portant leur père, des pères entraînant hors des chaumières enflammées, leurs femmes et leurs mères expirantes. Le fond du Théâtre doit peindre toute l'horreur d'un pillage et d'un incendie.

SCENE PREMIERE.

(Les Soldats passent avec des flambeaux, en plusieurs troupes, et à diverses distances.)

PAYSANS et PAYSANNES.

CHŒUR.

(Les hommes s'avancent seuls ; et les femmes restent.)

Dieu de vengeance,
Prends notre défense ;
Soutiens l'innocence :
Nos biens sont ravis,
Nos murs sont détruits.
Pleurons nos parens,
Pleurons nos amis.

(Les femmes s'avancent à leur tour, et chantent à genoux. Les hommes vont autour de leurs maisons.)

Vois nos larmes,
Nos alarmes.
O Dieu, laisse-toi
fléchir.
L'innocence,

(L'incendie augmente, ainsi que la lumière qui vient de loin.)

Sans défense,
Par leurs coups va
donc périr !
Ce n'est qu'à ta clé-
mence
Que nous avons recours.

(*Les hommes revien-*   Nous implorons ton
nent et chantent.)   secours.

P A Y S A N S , P A Y S A N N E S , plusieurs M E R E S et E N F A N S .

(*On entend le bruit*   Dieu de vengeance,   (*Ici la flamme s'élève*
des armes dans la cou-   etc.   *plus fort des maisons*
lisse, ce qui force les   LES ENFANS.   *embrasées.*)
femmes qui étoient à
genoux de se lever.)   Ne m'abandonne pas.

                               LES MERES.

                           Moi ! vous abandon-
                               ner !

                               LES ENFANS.

                           Ma mère, ô ma mère !

                               LES MERES.

                           Mes enfans !

                               TOUS.

(*Le tambour roule.*)   O ciel !   (*Sur le cri, ô ciel ! on*
                           Sois notre appui,   *voit tomber des maisons.*
                           Hélas ! hélas !   *Ils courent tous éperdus.*)
                           De nos douleurs
                           Entends le cri,
                           Hélas ! hélas !
                           Ne m'abandonne pas.
                           Fuyons, fuyons.

(*Ils prennent la fuite, en voyant entrer sur le Théâtre,*
Anglois, François, Allemands, se poursuivant et s'égorgeant.
Desbarres paroît, se défend seul contre une foule d'as-
saillans ; un soldat l'atteint vers la gorge au défaut de la cui-
rasse, avec un javelot à double crochet. Il le tire avec violence
et le terrasse. On apperçoit à quelques pas, au milieu du théâ-
tre, Galon de Montigny, portant la bannière royale semée de

fleurs de lys, que d'une main il agite en l'air pour demander du secours, tandis que de l'autre il veut écarter à coups de sabre ceux qui l'empêchent de joindre le guerrier terrassé. Un soldat cuirassé à la légère, mais visière baissée, arrive, voit Desbarres prêt à périr sous les coups dont on l'accable ; il se précipite, écarte avec son glaive les ennemis les plus acharnés, jette un cri terrible, couvre de tout son corps le corps de Desbarres, se bat encore, et reçoit tous les coups que l'on porte à celui qu'il défend. Galon de Montigny parvient à se débarrasser des soldats acharnés après lui ; il arrive près de Desbarres, et secondé du jeune guerrier, il s'aide à se lever ; au fond du Théâtre, on voit un guerrier désarmé et entraîné par des soldats ; il tombe et va périr. Un autre guerrier arrive, terrasse un des assaillans, lui arrache son épée, la remet au chevalier vaincu, et tous deux mettent en fuite les ennemis vainqueurs l'instant d'avant. Ils courent vers le grouppe de Desbarres au moment même où il se relève, où des troupes Françoises arrivent et achèvent de disperser les ennemis ; Desbarres tient dans ses bras son libérateur, et le vieux guerrier le tient par la main.)

SARGINES, père, *reconnoît Desbarres, court se jetter à ses pieds, en criant :*

C'est ton ami.

DUMETZ *arrive, couvert de sang et de poussière ; son armure est en pièces, sa tête est nue ; il dit à Desbarres :*

Ah ! général, vous voilà.. c'est vous, Desbarres, on m'avoit dit... Mais vous vivez, vous vivez, et vous êtes vainqueur, tout fuit, tout est dispersé, jamais victoire ne fut plus complette ; entendez-vous ces cris ? Montrez-vous à votre armée triomphante, venez jouir de nos transports et de votre gloire.

DESBARRES.

Ah ! Dumetz... voilà mon sauveur... Qui es-tu ?... ne mets point de bornes à ma reconnoissance ; qui es-tu ? fais-moi connoître mon libérateur.

(*L'Inconnu lui montre pour toute réponse une épée.*)

DESBARRES, *se jettant dans les bras de Sargines, père.*

Mon épée... c'est ton fils.

SARGINES, père.

Sargines !...

D

S A R G I N E S, fils, *se jettant aux genoux de son père.*

Mon père, ne haïssez plus votre fils.

SOPHIE.

Et voilà mon choix justifié !

(Desbarres lui ôte son casque, ses longs cheveux tombent sur
son armure.)

SCENE II.

DESBARRES ET LES DEUX SARGINES, SOPHIE.

SOPHIE, *tombant aux pieds de Sargines, père.*

Forcée de désobéir à mon bienfaiteur, qui disposoit de ma
main, quand mon cœur n'étoit plus à moi ; menacée par vous
d'être la cause de votre mort, j'ai voulu périr ou défendre vos
jours ; vous vivez... il ne reste plus qu'à pleurer le malheur
de déplaire à mon maître, votre colère que j'ai méritée, et
l'inutilité d'un amour dont rien ne pourra triompher.

DESBARRES.

Vous aimez, Sophie, et vous avez craint de m'avouer votre
tendresse, et le nom de celui qui l'avoit fait naître. Puisque
vous l'aviez choisi, il ne pouvoit être indigne de vous.

SARGINES, fils, *aux genoux de son père. Entre lui est le*
général, parlant tantôt à l'un, tantôt à l'autre.

Je lui dois tout ; elle a éclairé, aggrandi mon ame ; je lui
dois de penser, de sentir ; je lui dois ma valeur, et le bonheur d'avoir pu exposer ma vie pour le sauveur de ma patrie.

SARGINES, père.

Toi qui fais trembler nos ennemis... tu pleures.

DESBARRES.

Je ne vois que la gloire et le salut de mon pays, quand je
m'élance dans le champ de bataille ; je n'écoute que mon cœur,
quand je suis avec mes amis. Montigny, vous l'avez entendu ?

MONTIGNY.

O mon protecteur, mériterois-je les sentimens dont vous
m'honorez, si je ne sacrifiois mon amour au respect, à mon
devoir, à la reconnoissance ?

DESBARRES.

Soyez unis, soyez heureux.

SARGINES, père.

Mes enfans, mes chers enfans !

CHŒUR GÉNÉRAL.

DESBARRES.	GUERRIERS.
Chantez la France et sa victoire,	Chantons, célébrons Desbarres et sa victoire ;
Chantez, célébrez Et la France et sa gloire.	Chantons, célébrons Et la France et sa gloire.

SARGINES, fils, et SOPHIE.

C'est à Desbarres, à sa vaillance
Que nous devons notre bonheur.
Son bras vainqueur
Sauve la France,
Dont il est l'amour et l'honneur.

TOUS.

Chantons, célébrons
Desbarres et sa victoire ;
Chantons, célébrons
Et la France et sa gloire.

LES PAYSANS et les PAYSANNES, *seuls, se montrent, et s'approchent de Desbarres.*

O notre ami, ô notre père !
Regardez nos murs démolis ;
Les ennemis, dans leur colère,
Les ont brûlés, les ont détruits.
Ayez pitié de nos misères :
Ici reposent nos parens.
Ah ! de la cendre de leurs pères
Ne séparez point les enfans.

DESBARRES, *avec chaleur.*

Oui, vous aurez ces biens
Que d'avides guerriers
Ont détruit par les feux,
Ont ravi par les armes.
Je détesterois mes lauriers,
S'ils devoient vous coûter des larmes,
Peuple, cher à mon cœur,
Objet de tant d'alarmes,

SARGINES, COMÉDIE.

De la paix, du bonheur
Goûtez les charmes.

TOUS.

Chantons, célébrons
Desbarres et sa victoire;
Chantons, célébrons
Et la France et sa gloire;
Chantons, célébrons
Desbarres et sa victoire,
Chantons, célébrons
Sa vaillance et sa gloire.

FIN.